JUBILÉ

DE CINQUANTE ANS DE SACERDOCE

de M. l'abbé MONTEUUIS, Curé-Doyen de Guines,

Chanoine honoraire d'Arras,

4 MAI 1875.

SOUVENIR

DU QUATRE MAI 1875,

Offert à M. MONTEUUIS, Curé-Doyen de Guînes,

à MM. les Membres du Comité de la Fête Religieuse
et à toutes les personnes

QUI, PAR LEURS TALENTS, LEURS SERVICES, OU LEURS OFFRANDES,

En ont Rehaussé l'Éclat.

Préliminaires de la Fête

En nos temps si remplis d'égoïsme, où l'oubli des services les plus signalés n'est, hélas! que trop commun, il est beau et l'on est heureux de voir une population se lever tout entière pour acclamer, dans son pasteur, le saint prêtre et l'homme de bien.

La ville de Guînes, qui jamais n'a failli au devoir de la reconnaissance envers ceux de qui elle a reçu quelque bienfait, résolut d'en donner un solennel témoignage à M. l'abbé Monteuuis, son vénéré Doyen depuis 41 ans, à l'occasion du cinquantième anniversaire de son ordination.

Déjà Sa Grandeur Monseigneur Lequette, Évêque d'Arras, toujours heureux d'honorer dans ses prêtres le dévouement et la piété d'une longue vie sacerdotale, avait promis de présider cette fête si touchante. Déjà MM. les Curés du canton, désireux de reconnaitre hautement avec quelle affectueuse bienveillance leur bon Doyen s'associe à leurs travaux, à leurs joies et à leurs peines, lui avaient offert un splendide missel.

Quelques paroissiens crurent alors qu'il serait digne de la ville de Guînes d'appeler riches et pauvres à s'unir dans une même expression de gratitude, et de prouver qu'il est encore des âmes qui peuvent apprécier, des cœurs qui savent aimer.

« Depuis près d'un demi siècle, disait-on, M. l'abbé
« Monteuuis passe au milieu de nous avec la double
« couronne du sacerdoce et de la bonté; représentant
« de la divinité par son titre auguste de prêtre, il l'est
« aussi de l'une de ses plus douces perfections, la miséri-
« corde, par sa charité toujours affectueuse, toujours
« compatissante. Il a répandu l'eau sainte sur les fronts
« qui entraient dans la vie ; il a fait descendre les bé-
« nédictions célestes sur les époux qui se juraient, au
« pied des autels, un inviolable attachement, il a con-
« solé les suprêmes défaillances et reçu le dernier sou-
« pir des êtres qui nous étaient si chers ; il a adouci les
« infortunes et séché les pleurs ; en un mot, il a dé-
« pensé sur plusieurs générations les trésors d'un
« cœur qui ne sait pas compter.

« Ne se pourrait-il donc pas, ajoutait-on, que chaque
« famille, que chaque habitant de Guînes, en ce jour
« anniversaire, se montrât publiquement reconnaissant
« de cette longue vie si utile, si dévouée à tous? »

M. l'abbé Meunier, vicaire de la paroisse, se fit l'écho de ce vœu populaire auprès du Conseil de la fabrique, qui accueillit avec empressement cette idée, et aussitôt se forma, pour l'organisation de la fête, un Comité composé de M. Charles de Guizelin, président de ladite fabrique, de M. Gody, Maire, membre de droit, de M. Popieul, trésorier, de MM. Megret, Ducrocq, Charles Boutillier, membres, et de M. Meunier, vicaire.

Séance tenante, il fut décidé qu'une souscription serait ouverte sous leur patronage, afin de contribuer aux frais extérieurs de la cérémonie et à l'achat des ornements sacrés que réclamait la pompe d'un si grand jour. Dans ce but, un chaleureux appel fut adressé par le Comité à tous les paroissiens et à quelques vieux amis de M. le Doyen.

Cet appel fut entendu de tous. Riches et pauvres tinrent à honneur d'apporter leur or ou leur obole ; la souscription s'éleva à plus de 4,000 fr., somme énorme, si l'on se rappelle que la classe ouvrière, si nombreuse à Guines, souffre beaucoup depuis quatre ans, par suite de la stagnation des affaires, et surtout de l'industrie tullière.

Deux mois après, dans une des classes de l'école des Frères étaient exposés les riches ornements que la paroisse se plaisait à présenter à son pasteur comme un gage d'affectueuse vénération et de gratitude, et cette exposition excita l'admiration des visiteurs qui s'y succédèrent pendant toute la journée.

Cependant les préparatifs de la fête touchaient à leur terme. Sous les doigts habiles de quelques dames, le papier, la verdure, la mousse, les tentures prenaient les formes les plus gracieuses, les plus variées et les murs du temple se revêtaient d'une brillante parure, d'écussons, de bannières, de guirlandes, de fleurs, de velours et d'or; tout ce que Guines compte d'artistes et de chanteurs s'unissait, dans un même élan de bonne volonté, à notre beau chœur de cantiques pour l'exécution d'une messe à grand orchestre. Sous la direction de M. Pierru, notre Musique communale, avide de faire sa partie dans ce concert de joie, jetait aux échos ses plus harmonieuses fanfares.

Tout était prêt, le 3 mai, quand Monseigneur arriva dans notre ville pour présider la fête du lendemain.

M. le Maire et le Conseil municipal, et MM. les membres de la fabrique vinrent, dans l'après-midi, au presbytère exprimer à Sa Grandeur leur reconnaissance et celle de leurs concitoyens pour l'honneur qu'Elle faisait à la ville en assistant à cette fête de famille. Puis, s'adressant à M. le Doyen, ils lui offrirent, au nom de la population, leurs félicitations sincères pour ces cinquante années de sacerdoce durant lesquelles il a donné l'essor à toute l'ardeur de son zèle, à toute la bonté de son cœur, et ils le remercièrent en particulier des services rendus à cette paroisse de Guines où les pères et les enfants ont toujours trouvé en lui plus qu'un ami, un père.

Déjà, avant l'arrivée de Monseigneur, les maîtres et maîtresses de nos écoles communales s'étaient rendus successivement au presbytère avec une partie de leurs élèves, et un enfant de chaque groupe avait adressé à M. le Doyen un compliment on ne peut plus gracieux, à l'occasion de son jubilé.

Dans la même soirée, sous les fenêtres du presbytère, une Société de jeunes gens exécuta, avec un brio et un goût parfaits une magnifique cantate composée pour la circonstance, et la Musique municipale interpréta avec un grand talent les meilleurs morceaux de son répertoire : double hommage rendu au bien-aimé Prélat et au cher et vénéré pasteur.

L'enthousiasme qui régnait partout ne fit que s'accroître, quand le lendemain, les voitures amenèrent de Boulogne et de Calais, des artistes éminents, qui venaient se joindre à nos artistes, grâce à l'obligeance de MM. Audouin et Aly, et quand, pour se rendre à l'église, il fallut passer sous des voûtes de verdure, digne avenue du temple splendidement orné.

L'enthousiasme fit bientôt place à la plus profonde émotion, lorsque le cortége épiscopal pénétra dans l'église, à travers les rangs pressés des fidèles, pieusement recueillis, et qu'aux côtés du vénérable jubilaire on aperçut cette longue file de prêtres, ces vénérables Doyens en habits de chœur, ces enfants de Guînes revêtus du sacerdoce, formant autour du pasteur jubilaire comme une couronne de joie et d'honneur, puis, Monseigneur lui-même, souriant et heureux, répandant sur son passage ses paternelles bénédictions.

Nous pouvons le dire avec assurance : nous avons assisté à des cérémonies grandioses où l'art avait prodigué ses plus admirables décorations. Eh bien, dans son cadre restreint, Guînes avait réalisé des merveilles, et, chose qui manque souvent aux fêtes de la terre, c'était par le concours de tous. Tous, en effet, y ont apporté le tribut de leurs offrandes, de leur talent, de leur bonne volonté, et elle s'est vérifiée à la lettre cette parole des livres saints : *Ils ne forment qu'un cœur et qu'une âme.*

En terminant, qu'il nous soit permis d'adresser nos vifs remercîments à MM. les membres du Comité. Grâce à leur dévouement absolu, à leurs encouragements multipliés, à leurs sages conseils, aux excellentes mesures qu'ils ont prises, la ville de Guînes peut se glorifier du 4 mai comme de l'un des beaux jours de son histoire. C'est à eux surtout qu'est dû le succès de la fête. Nous venons d'en esquisser les préliminaires. Nous empruntons maintenant aux numéros 29 et 31 de la *Semaine religieuse* d'Arras, le récit détaillé de la cérémonie du 4 mai, en y ajoutant les diverses allocutions prononcées au banquet qui a suivi la cérémonie religieuse.

***

COMPTE-RENDU DE LA FÊTE

Extrait de la SEMAINE RELIGIEUSE d'Arras.

Le mardi 4 mai 1875, a eu lieu, dans la petite ville de Guînes, une cérémonie à laquelle toute la population a pris part avec un empressement et un entrain bien flatteurs et bien doux pour celui qui en était l'objet. M. l'abbé Monteuuis, Curé-Doyen de cette paroisse, célébrait son jubilé de cinquante ans de sacerdoce. Monseigneur Lequette, qui porte à tous ses prêtres un paternel intérêt, avait quitté sa ville épiscopale pour venir présider cette fête qui était vraiment une fête de famille : car la tendresse et la joie du père rayonnaient sur la physionomie du vénérable Pasteur et le bonheur et l'épanouissement d'une affection filiale se lisaient sur le visage de tous les assistants.

Personne n'a travaillé ce jour-là. Tous, pauvres comme riches, étaient en habits de fête, et chacun tenait à faire sa partie dans ce concert unanime de félicitations, de prières et d'hommages à l'adresse du bon Pasteur qui, depuis plus de quarante et un ans, se dévoue au bien et au salut de son troupeau. Toute la ville était en mouvement, et la présence de notre Évêque bien-aimé, sur qui tous les regards se portaient avec une affectueuse vénération, doublait le charme et l'éclat de la fête.

De chaque côté de la rue qui conduit du presbytère

à l'église, se dressaient des mâts surmontés d'oriflammes, aux couleurs variées et reliés entre eux par de gracieuses guirlandes de verdure et de fleurs. Dès neuf heures et demie, l'église, parfaitement et richement décorée pour la circonstance, était remplie d'une foule compacte de fidèles accourus de tous les points de la ville, et même des villages du canton et des villes voisines, pour donner au bon Doyen, un témoignage de leur attachement et de leur estime, et, dans les trois nefs et à la tribune, aucune place ne restait vide.

A dix heures et demie, Monseigneur, ayant à sa droite, M. l'abbé Roussel, vicaire général, et devant lui, le pasteur jubilaire, sortit du presbytère, escorté par notre belle Compagnie de sapeurs-pompiers, tambours, clairons et musique en tête, et précédé d'un nombreux clergé, composé de tous les curés du doyenné, des anciens vicaires de Guînes, et de tous les prêtres nés dans cette ville, auxquels étaient venus se joindre M. de Lenquesaing, Curé-Doyen de Calais ; M. Robert Parenty, curé du Sacré-Cœur, à Saint-Pierre; M. l'abbé Décrouille, chef d'institution ; le vénérable Doyen de Bourbourg et quelques prêtres des cantons voisins.

Après Monseigneur, venaient M. le baron de la Touche, sous-préfet de l'arrondissement de Boulogne, M. le maire de Guînes et son Conseil, M. le juge de paix, MM. les membres de la fabrique, du bureau de bienfaisance et de l'Administration des hospices, MM. les receveurs de l'enregistrement, des contributions directes et indirectes, M. le commissaire de police et la brigade de gendarmerie en grand uniforme. Le cortége, au son d'une marche triomphale, se rendit dans cet ordre à l'église, où chacun alla occuper la place qui lui avait été réservée. Les prêtres, au nombre de quarante, se rangèrent en demi-cercle vis-à-vis le trône de Monseigneur, et Sa Grandeur, avant d'y prendre place, alla au pied de l'autel dire, avec le vénérable jubilaire, les premières prières du divin sacrifice et, pendant que l'office était continué par le héros de la fête, une messe splendide de Fessy fut admirablement exécutée, sous la direction de M. l'abbé Meunier, vicaire de la paroisse, par plus de quatre-vingts chanteurs ou instrumentistes. Les parties de ténor et de basse ont été remplies par des jeunes gens de Guînes et des amateurs de Boulogne, d'un grand talent, parmi lesquels on remarquait M. l'abbé Auguste Arnoult, vicaire, et M. Audouin, l'habile directeur de la Maîtrise de Saint-François-de-Sales. Celles de soprano avaient été confiées à des jeunes personnes de notre beau chœur de chant, et à Mlles Popieul et Parenty qui ont dit les solos avec une méthode parfaite et beaucoup de distinction. L'orchestre était formé d'artistes distingués de Boulogne, de Calais et de Guines. L'orgue de chœur, prêté pour la circonstance par un ami, M. de Foucault, était tenu par M. Amédée de Guizelin et le grand orgue par M. Fournier. A l'offertoire, deux Guinois, MM. Leroy et Capez, ont charmé l'auditoire par un duo de saxophone et de flûte d'une ravissante et délicieuse suavité. Après la consécration, M. Audouin a magistralement chanté un *O Salutaris*.

L'évangile terminé, Monseigneur, crosse en main et mitre en tête, monta en chaire, et, avec cette éloquence onctueuse et paternelle qui lui est habituelle et qui prend sa source dans son cœur si bon et si grand, Il fit un magnifique tableau de la mission du prêtre et, en appliquant les principaux traits au vénérable jubilaire, il rappela tout le bien qu'avait fait ce digne vieillard pendant ses cinquante ans de sacerdoce. Puis, s'adressant à l'assistance, il dit combien il était heureux de voir la douce et unanime sympathie qui régnait entre le pasteur et le troupeau, et les témoignages de respect et d'affection que tous les habitants de la paroisse, pauvres comme riches, donnaient en ce jour à leur bon Doyen. Sa Grandeur remercia ensuite M. le Sous-Préfet qui était venu rehausser la pompe de la fête par sa présence, M. le Maire et MM. les Conseillers municipaux, puis les Autorités judiciaires, les Membres des Administrations de charité et enfin la Compagnie des sapeurs-pompiers et la Musique communale. Monseigneur termina sa touchante et paternelle allocution en priant le Seigneur de bénir le pasteur et le troupeau. Pendant que le saint évêque parlait, tous les assistants étaient comme suspendus à ses lèvres et recueillaient avec avidité chaque parole qui sortait de sa bouche. On voyait combien tous les paroissiens étaient heureux du bien qui était dit de leur vieux curé et bien des larmes se mêlèrent aux douces larmes qui coulaient des yeux du vénérable jubilaire.

En sortant de l'église, tous les visages rayonnaient de

joie. On s'entretenait de l'ineffable bonté du bien-aimé Prélat, et l'on se plaisait à lui appliquer les inscriptions qu'on lisait sur le parcours du cortége, d'abord celle-ci sur le portail de l'église :

> Du Dieu de charité c'est l'envoyé, c'est l'Ange,
> Qu'on aime, qu'on bénit, qu'on vénère en tout lieu.
> A la voix du pays joignons notre louange,
> Pour exalter Celui qui vient au nom de Dieu.

Et, en se rappelant que le jour de la confirmation, Monseigneur avait béni, avec une tendresse paternelle, plus de quatre cents enfants dans le jardin du presbytère, on aimait à relire ces quatre petits vers que l'on avait sous les yeux :

> Il fait l'accueil le plus touchant
> Aux bonnes mères attendries,
> Qui viennent à ses mains bénies
> Présenter leur petit enfant.

Enfin, s'arrêtant devant la maison du bon Doyen, pour recevoir encore une fois la bénédiction de Sa Grandeur, on lisait avec bonheur, au-dessus de la porte, ces mots bien simples, mais bien vrais :

> La présence d'un père est une douce chose
> Que nos yeux et nos cœurs savourent aujourd'hui,
> Heureuse est la maison dans laquelle il repose !
> La bénédiction y descend avec lui.

Après la cérémonie, on rencontrait, dans toutes les rues de la ville, des Guînois de toutes les classes, se promenant avec leurs invités du dehors, en attendant l'heure du dîner : car il y avait fête et festin dans toutes les maisons et on avait voulu profiter du jubilé du bon Doyen pour célébrer, dans chaque famille, les agapes de l'amitié.

A deux heures, dans une des classes des RR. Frères de la Doctrine chrétienne, transformée, comme par enchantement, en un élégant salon, orné de belles draperies, de guirlandes de verdure et de fleurs et d'inscriptions appropriées à la fête, un banquet de cent couverts a réuni, auprès de Monseigneur, M. le Sous-Préfet, M. le Maire de Guînes et ses Adjoints, M. le Juge de Paix, M. le Président et MM. les Membres de la Fabrique, les parents du vénérable jubilaire et tous les prétres qui avaient assisté le matin, à la cérémonie religieuse. Le repas n'eut rien de la froideur et de la contrainte ordinaires des dîners officiels. Les convives, se sentant en présence d'un père dont ils connaissent l'ineffable bonté, bientôt les conversations s'engagèrent aux trois longues tables parallèlement disposées dans la vaste enceinte et, sans être bruyantes, respirèrent la plus douce et la plus franche gaîté. Ce mutuel épanchement des cœurs fit paraître bien courtes les quelques heures que dura le banquet. Au dessert, Monseigneur ouvrit la série des toasts par une allocution touchante et paternelle. Après avoir adressé les paroles les plus gracieuses à M. le Sous-Préfet et aux Autorités, Il parla du bonheur qu'il goûtait à se trouver au milieu de tant de bons prêtres qu'Il représenta, non comme *une couronne de joie et d'honneur* autour du bon Doyen, (à cause de la disposition des tables), mais comme une phalange d'amis nombreux dont les cœurs vibraient à l'unisson pour le vénérer et pour l'aimer, souhaitant que tous fissent, comme lui, leur jubilé de cinquante ans de sacerdoce et lui épargnassent aussi d'être privé prématurément de leurs services qu'Il savait si bien apprécier ; puis, s'adressant plus particulièrement au héros de la fête, il trouva dans son cœur d'évêque et de père, des paroles d'une ineffable suavité pour peindre sa mansuétude, sa charité, son zèle et son dévouement au bonheur et au salut de ses ouailles. Il finit en exprimant le vœu de le voir faire, dans neuf ans, son jubilé de Doyen, et le désir de se retrouver lui-même à cette fête, au milieu de l'honorable assemblée de magistrats, de prêtres et de bons paroissiens qu'Il était heureux de présider aujourd'hui. Nous n'oublierons jamais la vive et délicieuse impression que fit sur tous les assistants cette belle allocution qui fut, presque à chaque phrase, saluée par des applaudissements unanimes, et dont nous regrettons de ne pouvoir donner qu'une bien pâle analyse. Nous aimons à rappeler ici le mot d'un des convives qui, encore sous le charme de l'émotion qu'il avait éprouvée, disait, en sortant du banquet, que les paroles du saint Prélat résonnaient encore à ses oreilles et dans son cœur, comme une musique ravissante et suave.

M. l'abbé Monteuuis, sous l'influence d'une émotion facile à comprendre, se leva pour répondre à Monseigneur, et dans un toast d'une centaine de vers, inspirés par le cœur, il n'oublia personne dans l'expression de sa reconnaissance et de ses vœux pour le bonheur de tous. Nous croyons qu'on nous saura gré de donner ici, dans toute son étendue, cette allocution qui a été accueillie, d'un bout à l'autre, avec le plus vif intérêt et écoutée avec une attention constamment soutenue :

Ce matin, quand je vis, dans leurs habits de fête,
Mes Guinois se porter vers la maison de Dieu,
Et nos braves pompiers, tambours, musique en tête,
Escortant le Conseil, prendre place au saint Lieu,

Lorsque je vis le temple, éclatant de lumières,
Tout parfumé d'encens, enguirlandé de fleurs,
Et ces Prêtres nombreux, mes amis et mes frères,
Et nos bons Marguilliers, mes chers coadjuteurs,

Lorsque je vis mes sœurs, mes neveux et mes nièces,
Et le seul frère hélas ! que le ciel m'ait laissé,
M'entourant à l'envi de toutes leurs tendresses,
Ressusciter pour moi les douceurs du passé,

Quand, du haut de son trône, un Prélat vénérable
Dispensateur sacré des richesses du ciel,
Laissait tomber sur moi, pauvre, humble et misérable,
Comme un rayon d'en haut, son regard paternel,

Quand, près du saint Pontife et de son grand Vicaire
Dont le nom est béni dans l'évêché d'Arras,
Je vis du Boulonnais le premier dignitaire,
Et notre grand Doyen, et nos bons Magistrats,

Quand j'entendis des voix suaves, angéliques,
Ondulant sous les nefs en flots harmonieux,
Et tous ces instruments aux accords symphoniques,
Qui me semblaient l'écho d'un saint concert des cieux,

Quand, témoin de l'ardeur de mon jeune Vicaire
Pour mener aujourd'hui la fête à bonne fin,
Je ressentis en moi ce que ressent un père,
L'aimant comme Jacob aimait son Benjamin,

Quand je vis ces tissus d'or, d'argent et de soie,
Offerts par mon troupeau, comme un gage d'amour,
Je me suis dit : Oh ! non, l'on ne meurt pas de joie :
Car ce jour eût été pour moi le dernier jour.

Mon âme, épanche-toi... dis ta reconnaissance
A l'envoyé du Christ, au digne et saint Prélat,
Qui se fait tout à tous et vient, par sa présence,
Doubler de cette fête et le charme et l'éclat !

Que Dieu, sur une vie à tous nos cœurs si chère,
Verse longtemps encor ses bienfaits les plus doux.
Pour le bien des enfants qu'il rende heureux leur père ;
Car son bonheur à Lui, c'est le bonheur à nous.

Seigneur, que mes brebis, sous ta main protectrice,
Marchent dans les sentiers qui conduisent à Toi,
Et, repoussant l'ivraie et les appâts du vice,
Se nourrissent d'amour, d'espérance et de foi.

Mon Dieu, tu sais combien leur chute m'est amère...
Soutiens-les, fais les croître en sagesse, en vertus.
Quand viendra le grand jour, accueille-les en père,
Et laisse-les entrer au bercail des Élus.

Sur ma chère famille, à toi toujours soumise,
Et sur mes bons amis du dedans, du dehors,
Qui de riches présents ont doté mon église,
De ta grâce, Seigneur, épanche les trésors.

Parents bien regrettés, ô mon père, ô ma mère,
Qu'en esprit je contemple au sein du Paradis,
Je vous vois souriant à cet anniversaire ;
Avec le bon Prélat, bénissez votre fils.

De la joie en mon cœur déborde la mesure...
Comblé de toutes parts d'honneurs et de bienfaits,
Comme le saint Vieillard dont parle l'Écriture,
Après un jour si beau, je puis mourir en paix.

La fête d'aujourd'hui ravive en ma mémoire
L'heure trois fois bénie où je fus appelé
Pour célébrer de Dieu les bienfaits et la gloire,
Cette heure où sur mes doigts, l'huile sainte a coulé.

Oh ! que l'œuvre du Prêtre est grande ! Qu'elle est belle !
Faire connaître, aimer et servir le Seigneur,
Et, rappelant à tous sa bonté paternelle,
De tous lui ramener ou lui garder le cœur.

Et, depuis cinquante ans, tel est mon ministère.
L'ai-je toujours rempli comme Dieu le voulait ?...
Puisse-t-il, envers moi n'étant pas trop sévère,
De mes faibles efforts se montrer satisfait !

Mes cheveux blancs, mon corps, courbé par le grand âge,
M'annoncent que ma course est bien près de finir.
Lorsque j'aurai franchi le funèbre passage,
Amis, au vieil ami donnez un souvenir.

Aux fêtes de l'Église, aux jours de Conférence,
Qui pour moi, près de vous, ont toujours tant d'attrait,
Oh ! ne m'oubliez pas... et qu'en vous, mon absence,
Confrères bien-aimés, éveille un doux regret !

Alors, des jours passés évoquant la mémoire,
Puissiez-vous dire : « Ici manque le vieux Doyen.
« Nous rendre heureux était son bonheur et sa gloire ;
« Il nous a tant aimés, aimons-le toujours bien. »

Et de vos cœurs si bons qu'une sainte prière,
Payant mon cœur ami d'un précieux retour,
Monte, monte et, pour moi, demande au divin Père
Une petite place au céleste séjour.

Et puis, quand vous aurez, comme de saints Apôtres,
Au service de Dieu voué votre labeur,
Puissions-nous tous un jour, les uns auprès des autres,
Nous retrouver au sein de l'éternel bonheur !...

Pour clore dignement une si belle fête,
Amis chrétiens, donnons un pieux souvenir
Au noble prisonnier, à l'invincible athlète,
Au magnanime Pie, au Pape-Roi, martyr.

O Dieu juste et puissant, prends en main sa défense,
Lève-toi, mets un terme à ses longues douleurs,
Et qu'enfin rétabli dans son indépendance,
Il règne sur son peuple ainsi que dans nos cœurs !...

M. le docteur Gody, Maire de Guînes, a pris ensuite la parole et, s'adressant à Monseigneur, il s'est exprimé en ces termes :

« Monseigneur,

« Après le langage si touchant, empreint de tant de bonté, en même temps que de noblesse et d'élévation que Votre Grandeur vient de nous faire entendre, après les vers si pleins d'esprit, de finesse et de grâce que vient de nous faire goûter notre cher et vénéré Doyen, on voudrait n'avoir qu'à se recueillir et à rester sous le charme de ces voix éloquentes et autorisées : mais, ainsi que la noblesse, les fonctions publiques obligent, et je manquerais à mon devoir de Maire et au besoin impérieux de mon cœur, si je ne témoignais combien je suis heureux d'avoir, aujourd'hui, à remercier, au nom de la ville de Guînes, Votre Grandeur de l'honneur insigne qu'Elle a bien voulu nous faire dans la personne de notre cher Doyen, en consentant à venir présider cette cérémonie, qu'Elle a si heureusement appelée une véritable fête de famille, et à donner cette nouvelle consécration au digne Pasteur qui, depuis plus de quarante ans, est intimement mêlé à la vie morale et religieuse de notre population.

« Ce n'est pas devant Votre Grandeur, Monseigneur, qui lui donne aujourd'hui une si grande preuve d'estime et d'affection ; ce n'est pas devant ce clergé cantonal qui l'aime tant et qu'il dirige avec tant de sagesse et de bienveillance, que j'ai à dire les vertus, les mérites, la vie si utile, si dévouée au bien et à la religion, de notre Doyen bien-aimé : ce n'est pas par des paroles que se louent les hommes qui, comme lui, ont charge d'âmes ou de grands intérêts, c'est par leurs œuvres, par les services rendus, par le souvenir qu'ils laissent derrière eux.

« Or, Monseigneur, si Votre Grandeur pénétrait dans les plus humbles demeures non-seulement de la ville de Guînes, mais du canton et des cantons voisins, Elle trouverait partout le portrait de notre cher Doyen ; mais ce serait peu encore si, en même temps, son image et ses enseignements n'étaient dans tous les cœurs.

« Dorénavant, Monseigneur, notre population reconnaissante associera dans son cœur une autre image à celle de son vénéré Doyen et conservera précieusement dans sa mémoire le souvenir de l'éminent Prélat que l'on ne pourrait louer comme il le mérite que si Votre Grandeur n'était pas ici présente. »

L'assemblée a vivement applaudi les bonnes paroles de M. le Maire et a ainsi témoigné qu'il avait fidèlement traduit les sentiments de tous à l'égard de leur saint Evêque et de leur bon Pasteur.

Ensuite M. l'abbé Dutoit, curé de Bouquehault, au nom de tous les curés du doyenné de Guînes, a chaleureusement exprimé tout ce que lui-même et ces bons prêtres éprouvent d'estime et d'affection filiale pour leur vieux Doyen dans les huit strophes suivantes qui, pleines d'une riche poésie et de la plus exquise sensibilité, ont vivement ému tous les assistants :

    Il est bien loin ce jour, où l'heureux Jubilaire,
    Humblement prosterné devant le sanctuaire,
        Se vouait au Seigneur,
    Ce jour où, pour l'autel sacré par le saint Chrême,
    Il se relevait prêtre, et chantait en lui-même
        Son hymne de bonheur.

Ce jour a fui, mais non ; il renaît plein de gloire ;
Tout un peuple est debout ; il en fait la mémoire
    A la face du ciel ;
Partout dans la cité, l'allégresse rayonne ;
Autour de leur Doyen, les Guinois font couronne,
    Priant au saint autel.

Que c'est beau ! Que c'est grand !! Et combien elle brille
Aux regards du Seigneur, cette immense famille
    Qui prie et fait des vœux !!!
Ange du sanctuaire, entends ces vœux des âmes,
Et joyeux porte-les, sur tes ailes de flammes,
    Jusqu'au plus haut des cieux.

De ce divin séjour, d'où se répand la vie,
Puissent-ils redescendre en abondante pluie
    De grâces, de bienfaits !
Et que le saint Vieillard, de vingt printemps encore
Salue, avec bonheur, la glorieuse aurore
    Qui luit sur nos souhaits !

Cet heureux Jubilé, sa joie et ses délices,
Dans son cœur rajeuni, de ses chères prémices
    Ravive le beau jour.
Des fruits d'un saint labeur, Dieu forme une couronne ;
Sur son front, le Prélat, descendant de son trône,
    La pose avec amour.

Honneur au bon Doyen ! Tous nous pouvons redire
Combien nous sommes fiers d'être sous son empire,
    De vivre sous ses lois :
De notre Décanat il est l'âme et la vie,
Il y fait l'âge d'or, y répand l'harmonie,
    Au doux son de sa voix.

Il aime à s'appeler notre ami, notre frère;
Mais en lui nous voyons plutôt un tendre père,
    Un père vénéré :
Qu'il reçoive, en ce jour, nos vœux et notre hommage ;
Son Jubilé le rend, par le lustre de l'âge,
    Pour nous deux fois sacré.

Il est le maître-anneau de cette aimable chaîne
Qui tient nos cœurs unis, et la main qui les mène
    Au cœur du saint Prélat :
Rivez-les, Monseigneur, à la chaire de Pierre,
D'où, sur le monde entier, notre Pontife et Père
    Jette un si vif éclat.

Un autre toast a été porté par M. Deneuville, banquier à Saint-Omer, ami jubilaire de M. l'abbé Monteuuis, ami qui, depuis cinquante ans, a toujours conservé les rapports les plus intimes avec le bon Doyen, malgré le temps et la distance qui les séparent. Nous aimons à reproduire intégralement ce toast qui a fait tant de plaisir.

« Monseigneur et Messieurs,

« Mon titre unique à l'honneur de me trouver au milieu de vous, c'est la vieille affection de M. Montenuis pour moi. A elle seule je dois de n'avoir pas été un convive bon à *mettre dehors*, parce qu'il n'avait pas *la robe du festin*. Qu'il me soit donc permis de remercier tout haut cette affection et de m'inspirer d'elle dans le toast que je vais porter.

« — Je bois, Monseigneur et Messieurs, à l'amitié, à l'amitié chrétienne, bien entendu, à ce sentiment le plus naturel et le plus doux, le plus constant et le plus fort, le plus secourable aux vicissitudes de notre destinée terrestre, lorsque sa racine humaine est fécondée par le rayon céleste de la charité. — Cette amitié, vous le savez, a eu ses modèles exquis, sous l'ancienne Loi, dans David et Jonathas ; sous la Loi nouvelle, dans les saints Basile et Grégoire de Nazianze : elle a eu son type de perfection sainte dans le divin Sauveur des hommes qui pleura la mort de son ami Lazare et permit au disciple préféré de reposer sur sa poitrine où il renfermait l'incommensurable foyer des immortelles tendresses.

« C'est cette amitié là, Monseigneur et Messieurs, que j'ai eu le bonheur de rencontrer (la Providence en soit bénie !) dans le héros modeste de ces agapes religieuses, dans celui dont vous venez de saluer cinquante années de saint ministère, de zèle pastoral, de don absolu de soi-même au prochain, de vertus aimables et charmantes.

« Précisément l'affection dont j'ai été l'heureux bénéficiaire est une de ces vertus, et sœur jumelle de toutes les autres : car elle date aussi de cinquante ans. Elle a commencé, lorsque M. le Doyen de Guines était jeune vicaire de Notre-Dame à Saint-Omer et que celui qui a l'honneur de vous parler était encore sur les bancs du collége dans la même ville.

« Dès ce temps-là, M. le Vicaire avait ouvert chez

lui, sans titre et sans prétention, mais avec une claire intuition des œuvres utiles, un petit Cercle où, sous prétexte de gymnastique littéraire, on faisait l'apprentissage des distractions morales, des goûts sages, des mœurs délicates.

« Benjamin de cette camaraderie, il m'est échu de relever les traces du vicaire initiateur sur tous les chemins honnêtes où il dépensait déjà sans compter, cette double activité d'esprit et de cœur que sa prodigalité même ne devait pas appauvrir.

« Durant les dix années passées par M. l'abbé Monteuuis à Saint-Omer, années qui laissèrent là-bas leur marque, depuis les chaires de nos églises jusqu'aux murs des prisons dont il était l'Aumônier, qui gravèrent dans bien des âmes, sans distinction de rangs, des souvenirs encore aujourd'hui très-vivants, je vous l'assure, durant ces dix années, le bon abbé fut un frère aîné pour moi.

« Mon frère, il l'était d'ailleurs par son affection filiale pour ma mère, par son attachement à tous les miens. Aussi fut-il mêlé à toute ma vie de famille, répandant des prières sur des tombes, versant l'eau sainte sur des berceaux, donnant des bénédictions nuptiales, partout et toujours le cœur en éveil et tout plein d'échos pour mes douleurs, comme pour mes joies, toujours dévoué avec sympathie, toujours serviable avec empressement, sans que la distance, ni les années aient pu altérer en nous la fraternité de nos âmes.

« Si bien que mon excellent ami a fait une réalité de ce vœu qu'il m'exprimait un jour dans le langage que vous savez être le sien.

. . . .
En nous que l'amitié reste toujours la même,
De loin comme de près, jusqu'à l'heure suprême
Où le bon Dieu là-haut voudra nous réunir.

« Et c'est encore dans sa fidélité à ce programme que le vénéré Doyen de Guines a désiré ma présence à cette fête mémorable du 4 mai.

« Vous comprenez maintenant, Monseigneur et Messieurs, pourquoi mon toast est tout de reconnaissance et, s'il a pu m'entraîner en des développements trop personnels, vous me le pardonnerez, j'espère. Buvons, si vous le voulez bien : *A mon meilleur ami, à l'amitié chrétienne.* »

Le Révérend Père Olivier, orateur célèbre de l'ordre des Dominicains, avait promis à M. le Doyen de Guînes, d'assister, s'il était libre, à la célébration de son Jubilé; mais, retenu alors en Belgique où il était en mission, il a voulu remplir, autant qu'il était en lui, sa gracieuse promesse, en s'unissant, au moins de cœur, à ceux qui assistaient à la cérémonie, par le toast suivant qui est arrivé pendant la fête et que nous sommes heureux de reproduire ici.

« MONSIEUR LE DOYEN,

« Veuillez me permettre de m'associer, au moins de loin, à la joie de tous ceux qui vous entourent et de joindre mes félicitations aux leurs. J'aurais considéré comme un grand bonheur d'être près de vous en cette circonstance, et je conserverai toujours le souvenir de votre gracieuse invitation.

« Si je ne puis m'y rendre maintenant, je compte bien me dédommager dans quelques jours. J'irai bientôt vous serrer la main et recueillir les derniers échos de la fête. En attendant, je prie Dieu de tout mon cœur qu'il ajoute aux longues années que vous avez si bien remplies, d'autres encore en grand nombre que vous saurez tout aussi bien remplir. *Ad multos annos.* »

Un des neveux du vénérable jubilaire, M. F. Monteuuis, maître de pension à Bourbourg, s'est fait l'interprète de tous les membres de la famille, en souhaitant au vieux Doyen de longs jours encore, des jours pleins de joies saintes et de toutes sortes de consolations, bénissant la Providence de l'avoir conservé à leur amour au milieu des vides que la mort a faits dans leurs rangs, pour servir de père, de guide et d'exemple à ceux d'entre eux qui ont à continuer le pèlerinage de la vie. Il a fini en disant qu'heureux au-delà de toute expression de ce qu'il venait de voir dans cette fête, de tout ce qui avait charmé ses yeux et réjoui son cœur, il regardait ce jour comme un des plus beaux de sa vie et, en son nom comme au nom de tous les parents présents à cette fête, il remercia Monseigneur, M. le Sous-Préfet, les autorités de la ville, les prêtres et les bons habitants de Guines du bonheur qu'ils avaient donné à la famille, en entourant l'oncle bien-aimé de tant d'honneurs et d'une si cordiale et si unanime sympathie.

Pendant le banquet, la musique communale, sous la direction de son chef, M. Isaac Pierru, fit entendre les plus beaux morceaux de son répertoire, et quarante-cinq exécutants, jeunes gens de la ville ou élèves de l'école des Frères, chantèrent, avec un entrain admirable et un parfait accord, une cantate composée pour la circonstance, dont le refrain qui se terminait par ces mots : *Vive le bon Curé!* trouva un écho dans tous les cœurs et fut répété de toutes parts avec un enthousiasme, plein de la plus franche gaîté.

M. le Doyen s'empressa d'aller féliciter les instrumentistes et les chanteurs, associant dans ses remercîments la Compagnie des sapeurs-pompiers et promettant à ces derniers et aux membres de la musique, quelques beaux prix pour un prochain tir à la cible, comme un témoignage de sa reconnaissance pour cette nouvelle marque de leur attachement et du gracieux concours qu'ils avaient apporté le matin à la cérémonie religieuse. En attendant la réalisation de cette promesse, il leur fit distribuer des vins d'honneur, comme une rosée rafraîchissante bien nécessaire après l'exécution plus ou moins fatigante de tant de divers morceaux de musique vocale ou instrumentale.

Enfin, avant qu'on se levât de table, M. l'abbé Meunier, l'infatigable et zélé vicaire de Guines à qui l'on doit la parfaite organisation de la fête et l'habile direction de toutes les parties de la messe, a remercié M. le Doyen, au nom des exécutants, de l'accueil si cordial qu'il leur avait fait et des paroles aimables qu'il avait adressées, dans son toast, au chœur de chant de la ville et aux artistes distingués de Boulogne, de Calais et de Guines qui avaient répondu, avec le plus gracieux empressement, à l'invitation où il réclamait leur bienveillant concours et donné tant de charmes et d'éclat à la fête religieuse par leurs chants harmonieux et leur talent d'instrumentistes hors ligne.

Après le banquet, Monseigneur a rendu visite à M. le Maire, à M. le Juge de paix et à M. le Président de la fabrique. Sa Grandeur paraissait bien heureuse, en voyant l'expression de bonheur et de respectueuse affection que sa présence faisait rayonner sur toutes les physionomies. En passant par une rue un peu détournée, habitée surtout par des ouvriers, le bon Prélat a été vivement touché de l'attention de ces bonnes gens qui, pour faire honneur à leur Evêque, avaient soigneusement couvert d'une couche de sable, cette rue, dans toute sa longueur. Sur son passage, les familles s'agenouillaient respectueusement à leurs portes, et les mères présentaient à ses mains bénies leurs petits enfants.

Monseigneur a bien dignement terminé cette belle journée, en assistant, comme la veille, au salut de Marie qui a été célébré ces deux jours-là, avec la plus grande pompe, un choix des plus beaux chants et une illumination splendide. La population s'y est rendue, pour ainsi dire, tout entière, et l'église était à peine suffisante pour contenir la foule, de plus en plus avide d'entendre la parole si onctueuse et si puissante de son évêque. A ces deux saluts, des prières bien ferventes ont été adressées à notre bonne Mère du Ciel, pour notre bien-aimé Prélat qui, pendant son trop court séjour à Guînes, en a rendu les habitants si heureux par sa présence et leur a fait tant de bien par son éloquence d'Apôtre et de Père. Dans la chaumière du pauvre, comme dans la maison du riche, on parle de Mgr Lequette avec reconnaissance, avec amour, avec bonheur. Il est l'objet de toutes les conversations et son éloge est dans toutes les bouches. Personne n'a oublié le vœu que Sa Grandeur a exprimé à plusieurs reprises et tout le monde s'y associe : c'est que, dans neuf ans, à pareille époque, M. l'abbé Monteuuis fasse son jubilé de Doyen sous la présidence de Monseigneur : car il y aura alors un demi-siècle que ce bon prêtre exerce le saint ministère dans cette petite ville où il est aimé et vénéré comme un père l'est par ses enfants.

Un Prêtre du Doyenné de Guînes.